KB220230

내
동생
랑랑

<우리들의 시편> 시리즈는
예측지도, 예감치도 못한 인생의 구덩이에서 터져 나온 외마디 비명입니다.
까닭 없는 수모와 수치를 꿀떡 꿀떡 삼키며 흘린 눈물입니다.
걷잡을 수 없이 흔들리는 인생의 갑판 위에 토해 낸 탄식입니다.
그럼에도 마침내 절망과 원망의 정수리를 지르밟고 거머쥔 환호이자
부서진 영육을 위로와 치유로 엮어가며 읊조리는 우리들의 기도입니다.

내 동생 랑랑

배서우

홍성사.

차
례

어제는 잘 잤어?

★ 아씨—랑랑!
나의 하나뿐인, 단 하나뿐인 여동생아!
오늘 2003년 정월 초하루, 서울성모병원
정신건강의학과 병동에서 첫 엽서를 쓴단다.
나의 사랑하는, 눈이 아리고, 콧등이 시큰하게,
허파가 뒤집히도록 보고픈 내 동생아. 내
여동생아…….
네가 여중 2학년 때 오빠를 찾아오던 이
병실—17년이 지나……너는 서른, 오빠는
서른셋이나 먹었구나.

긴긴 투병.
오빠는 결코 굴하지 않는단다.
너는 못난 오빠를 단 한 번도 멀리하거나
포기하지 않았고, 단 한 치도 물러섬 없이
무조건적으로 내 편이 되어 주었지. 너는
하나님이 내 생애에 보내 주신 수호천사요
복덩어리란다.

새해 첫날,
시댁에 있니? 이역만리 필라델피아에서 아이
낳고 산후 조리도 제대로 못하여 시린 손목,
팔꿈치는 좀 어떤지…….

창밖엔, 가톨릭의대엔 눈이 쌓였건만, 나는
맨몸에 환의患依, 맨발에 슬리퍼……너의 끝없는
모성母性의 눈빛이 그리워. 너에게 안겨 펑펑
울고 싶은 187cm 거인 작은 오빠.
사랑해
사랑해
'본다'는 게 뭔지, 이토록 '보고' 싶으니…….

빅 짐Big Jim*

*내가 크고 검다 하여 동생이 부른, 흑인 노예 이름 같은 애칭.

★

랑랑에게
병실 창밖으로 메리어트호텔과 남산타워가
우뚝 보인다. 별도 몇 개 있다. 너무 이상하게
밝은 것은 인공위성이라더라.
너도 저 별을 보고 있었으면 좋겠어.
A∩B={겨울밤의 이등성* 몇 개}
A=오빠, B=랑랑

그럼 안녕. 잘 자거라.

너의 충실한 빅 짐

*맨눈으로 볼 수 있는 별의 밝기를 여섯 등급으로 나눌 때 둘째로 밝은 등급에 속하는 별.

★ 랑랑
잘 잤니? 지금 회진 중이야. 아침 9시.
조금 있다가 다시 쓸게.

랑랑.
이제 저녁 6시, 밥도 먹었어. 차를 마시고
싶구나. 병동엔 차가운 정수기 물뿐이지.
랑랑. 오빤 요즘 수학을 공부해. 공부한다기보다
즐겨. 논리적 사고, 딱 떨어지는 답의 통쾌함.
옛적 수학이건 과학이건 100점만 맞아야 했던
바보 시절의 고통이 이젠 머리를 맑게, 뇌를
단순 명료하게 해준단다.

예술의 선험성先驗性, 직관直觀의 세계, 그 끝
간 데 없는 모호함……그 불덩이같이 요동치는
심장의 박동, 피를 말리는 그 무엇, 궁극에의
추구……다, 헛짓이야, 헛짓……. 감感의 세계를
빙자해 쇼맨들이 판을 치고, 진짜 예술가는
미치고 외롭고 굶고, 난해한 작품은 감상자에게
모욕감만 심어 주고, 엉뚱한 자들이 돈을
챙기지.
랑랑아. 오빠 죽기 전에 '배서우 미술관'을
건립해 주는 게 꿈이라는 당돌한 내 동생아.
나를 생각해 미국 가서 예술 경영학을 공부해
온 하나뿐인 동생아. 나는 말야, 너의 존재
자체만으로도 만족한단다.
널 사랑해.
내 삶의 한줄기 빛이여……희망이여.

오늘밤 곤히 잘 자.

오빠가

★

랑!
깊은 밤, 병동은 모두 약으로 죽고 너에게로
나는 갈 수가 없구나. 그러나 내 영혼을 가루
내어 창문 겨우 열고 뿌리니, 멀리 사는 너는
오빠 숨결, 가련하면서도 쇠심줄보다 강인한
영혼을 받으려무나.
바이폴라*와의 끝없는 사투. 지치는구나.
지쳤어. 지쳤어. 지쳤어…….
서른셋이 되었으니, 예수님만큼 살았으니, 오빤
이제 쉬고 싶다. 허나 랑랑. 죽음 가까이에
가서는……너랑 헤어지는 것이 싫어. 죽어도
싫어. 사십, 오십, 육십, 칠팔순, 인생의 최후
승자가 되고 싶기도 하단다. 하나님께서는 견딜
수 있는 시련만 주신다지? 진정한 승자는,
진정한 생존의 승자는 어떤 인간의 모습일까?
욥.
성경 구약을 펴 욥기를 봐.
나는 욥이야.
1986에서 2003까지……아직 승리하지는 못한,
잿더미에 앉아 통곡하며 머리를 밀고 옷을 찢고
기왓장으로 몸을 긁으며 한탄하는, 하나님께
아픈 마음과 영혼을 찢는, 병든 몸과 마음
어찌할 바 몰라 울지도 못하는, 오빤, 극동極東의
욥이야.

*bipolar affective disorder, 양극성 기분장애, 조울병.

★

랑랑
귀한 소금아

병동 TV에서 두루미가 난다.
비무장지대에 희귀 동물의 세계적인 서식지가
형성되었는데, 독수리 떼들이 남극의 펭귄
부대처럼 철원의 눈 쌓인 논밭에 앉아
쉬고 있고, 천 년을 넘게 산다는 두루미의
고고하면서도 유유한 미美의 비행을 보니, 너와
나 두루미 되어 오래 오래 같이 날고 싶어.
랑랑아, 내 동생아. 우리 건강히 오래 살아
십 대 이십 대의 울혈鬱血을, 한을 다 풀고 다
잊고 훨얼 훨얼 날아다니자. 스페인도 가고,
러시아도 가고, 남아공도 가고, 몽골에도 가고,
체첸도 가고!
흙으로 돌아가는 그날까지 너는 이 오빠만
믿어. 관운장같이 크고 건강한 작은오빠 팔짱
끼고 나사렛을 찾아가자. 나사렛의 목수를.

즐거운 빅 짐

★ 귀염貴鹽* 랑랑 보아라.
당뇨병 환자를 정죄하거나 백안시白眼視하는
사람은 없지 않니. 술 많이 먹고 간경화로,
간암으로 가는 자도 욕먹지는 않아. 환자를
욕하지는 않아. 하지만 NP**과 환자는
전과자처럼, 가인의 마크처럼, 주홍글씨를 달고
다니지. 쉬쉬하지. 오빤 그게 가슴 아파.
우리가 잘 아는 헨델, 모차르트, 베토벤,
슈베르트, 헤밍웨이, 버지니아 울프, 링컨,
처칠……모두 조울병을 갖고 있었지. 슈만은
정신병동에서 죽었고. 이외에도 많은 뛰어난
철학자, 문학가, 미술가, 정치가들이 병을
앓았고. 모두가 사랑하는 고흐는 정신병원에서
수많은 명작을 남겼단다.
예술가의 피와 기질……나는……아, 나는,
나는……고난과 환난 끝에 올해부터는
행복해지고 싶어. 행복해지고파.

꽃을, 영광의 꽃을 피워 너와 함께 꽃잎에
파묻혀 장난치고, '쌔쌔쌔'도 하고, 기타 치고
듀오로 노래도 부르고 싶어.
우리 이제 인생의 꽃을 피우자. 병을 이기고,
더 이상 나를 넘보지 못하게 하여, 나는 끝내
승리하고파. 그 빛나는, 피 묻은 승리의 금잔을
너와 부딪칠 거야. Bravo!
너를 사랑해.
네게 그리워함을 받는 자이고파.

그럼 안녕.

p.s. 내 이쁜 조카에게 오빠가 작곡해 준 자장가
불러 주고 있니?

*내가 지어 준 랑랑의 호.
성경에서 말하는 '너희는 세상의 소금과 빛이라'(마5:13-14)에서 따옴.
**신경정신과Nuero Psychiatry.

★

그리운 제인 아씨! 랑랑!
밤 10시 40분. TV는 9시 뉴스까지만이야.
군대처럼 10시부터 6시까지. 여덟 시간 수면.
활짝 웃는 네 얼굴. 주일 면회 때 네 사진 활짝
웃는 걸로 넣어 달라고 해야겠어. 네 얼굴이
아른거려. 이런 게 눈에 밟힌다는 건가 보아.
오빠의 병에 대해 내 경험을 잠시 네게 알려
주고 싶어. 조울증(병), 바이폴라, Mood Disorder,
양극성 기분장애, 정동精動장애……대략 이렇지.
Manic-Depression이라고도 하고.
모두가 잘못 알고 있는 무엇보다 핵심적인
사실은 이 병이 심리적인 병이 아닌 생물학적인
병이란 점이야. 내과 환자나 마찬가지란 거야.
뇌의 몇몇 신경전달물질의 과다·과소 분비
때문이라고 해.

우울증 시기에는 그 늪의 끝은 늘 극도의
허무, 이유 없는 무기력감, 자멸감, 좌절감,
무능감……결국 자살로 생을 마감할 수 있는
무서운 병이란다. 일반적으로 우울증을 가볍게
보지만, 암보다 무서울 수도 있다고 생각해.
반면 조증躁症의 시기에는 하늘 날듯 고양된
기분, 넘치는 자신감, 끓는 성욕, 바빠지고
끝없이 쏘아 대는 달변, 황홀경의 기분, 기발한
아이디어가 폭죽처럼 뇌에서 폭발하고 생각의
속도를 주체할 수 없지. 잠이 없어지며 잠을

안 잘수록 에너지는 더 솟구치고 현실 감각은
땅에 떨어져 많은 일을 벌이게 되지. 결국에는
아무런 성과나 결과물 없이 사회적 신용을 잃기도
하고……육체 에너지와 정신 에너지를 다 소진하고
객사할 수도 있는, 무시무시한 병증이란다.
조증 상태에서는 주위 사람이 같이 들뜨는
마력이 있고, 끼가 발동하고, 빛이 나도록 지능이
높아지고, 창의성이 폭발해. 감당할 수 없이.
오빠는 하루 수백 장의 그림을 그려 대지.
태양을 넘어 솟구치는 이상과 사랑과 향연……그
직후 우울 주기로의 추락. 정반대의 사람이 되지.
주기적 반복의 괴로움…….

글을 써내려 가면서 왜 이리 숨이 차는지. 단숨에
내 병을 설파하려는 어리석음.
하지만 진심으로 나는 내 병을 사랑해. 이 조울병의
발병으로 부모님의 새벽기도가 시작되었고, 온
가족이 하나님께 눈물로 매달리며 나를 낫게
해달라 기도하기 시작했으니까.
17년째구나.
오빠 행복해. 우리 가족 모두 날 버리지 않았고,
지금과 미래에도 날 사랑해 줄 것이며, 무엇보다
하나님과 깊이 깊이 대화하고, 관계하고, 기도하게
하는 축복!
우리 가족의 끝없는 고통의 화두話頭가 내 배역임을
이젠 감사해. 정말이야. 내게 시련과 아픔, 상심,

좌절, 분노, 낙망……이 모든 것을 십 대,
이십 대, 삼십 대 초반 겪게 하신 하나님, 내게
계획이, 무슨 계획이건 내게 계획이, 어떤 뜻이
있으시다는 확신이 든단다.
랑랑. 얘기가 너무 무거워졌구나. 약 기운도 못
이기겠고. 오빠 이제 잘게. 너도 잘 자거라.

굿나잇. 귀염

키가 자꾸 커서 〈벤허〉의 찰톤 헤스톤 같은
오빠가

p.s. 오빠의 두 번째 아기가 내일이나 모레
태어난단다. 오빠 없으니 잘 돌봐다오.
부탁한다. 의사가 왜 내 아들 출생을 지켜보지
못하게 하는지 이해가 안 가는구나. 과학자들의
쫀쫀함이라고나 할까.

사랑하는 랑랑
너는 독주獨奏 악기 중 무엇을 가장 좋아하니?
클라리넷?

첼로가 인간 영혼의 심연을 울리는 힘이 있다면,
바이올린은 휘몰아치는 광기, 불꽃놀이화되는
뇌신경, 무아지경의 짜릿한 전율의 맛이 있지.
그렇다면 비올라는 어떤 맛일까? 굵은 듯
아름다운 누나의 음성, 그 푸근한 듯 유혹인 듯
평안인 듯, 뭐 그런 맛 아닐까?
마에스트로 헤르베르트 폰 카라얀은 제2
바이올린이 가장 어렵고 중요하다고 했대.
튀고 싶은 걸 자제하는 통제력, 제1바이올린을
보좌하며 절대 없으면 안 되면서도 자신의
목소리는 들리지 않는 안타까움!

건강하거라. 내 동생.

너의 충실한 벗

★

랑랑!
난 너 없인 못 살아. 정말이야.

★

랑랑
모든 환우들이 잠든 새벽 3시.
네가 보고 싶어 눈물이 흐른다.

늘.
늘.처.럼. 고.우.렴.
늘.
늘.처.럼. 아.리.따.우.렴.

10007호실
당신의 희망

★

랑랑
새벽 5시,
잠이 오지 않는구나.

인간의 모든 법보다 상위의 법은 절대자 하나님의 '영원법'이다. 그것의 본질은 '사랑'과 '용서'다.

_토마스 아퀴나스《신학대전》에서

난 평생 오빠 편인 거 알지?

★

랑랑
너의 가장 소중한 사람, 네가 가장 사랑하는 사람은 누구니?
러시아의 대문호 톨스토이는 이런 지혜의 말을 남겼단다.

> 우리가 가장 사랑하고 소중히 하고 최선을 다할 사람은 지금, 바로 옆에 있는, 지금 상대하고 있는 그 사람이다.

멋지지 않니?

★

잘 잤느냐 랑랑?
오빠는 응가하면서 쓴다.
네 생각뿐이야.
우리 조상님들은 화장실, 아니 변소를 해우소解憂所라 명명하셨지. 오빠도 이렇게 아침 일찍, 찬물을 들이키고 똥을 누어 가며 '근심을 풀고' 있단다.
민족시인 윤동주 님의 시를 하나 소개한다.

팔복八福

슬퍼하는 자는 복이 있나니
슬퍼하는 자는 복이 있나니
슬퍼하는 자는 복이 있나니
슬퍼하는 자는 복이 있나니
슬퍼하는 자는 복이 있나니
슬퍼하는 자는 복이 있나니
슬퍼하는 자는 복이 있나니
슬퍼하는 자는 복이 있나니

저희가 영원히 슬플 것이요

짝은오빠

★ 랑랑

햇살이 창밖으로, 창밖에만 청명하구나.
병실에선 형광등하고만 지내니 토할 것 같아.
순결의 상징 흰색! 흰색이 싫어진 지 오래
되었구나.
2주일씩 가톨릭 의과대학 본과 3, 4학년생들이
실습생으로 흘러왔다 정들면 흘러간다. 이번
팀엔 고등학교 시절, 오빠의 사랑과 한과
고독이 묵어 썩은 내 모교 후배가 한 명 있어.
민망하다. 하필이면 이런 곳에서 '선배님' 소릴
듣다니! 어젠 네 명의 여학생 초상화를 정성껏
그려 주었어. 늘 그렇듯 모두 기뻐했어.
나는 사람에게 내가 가진 미술이라는 향香을
뿌려 주며 사랑과 웃음을, 작은 행복을, 선사가
아닌 '나눔'이 좋단다. 나도……사랑받고 싶다.
사람들에게.
안치환의 노래처럼 '꽃보다 아름다운 사람'……
인간으로부터 그저 한 인간으로서 사랑받고파.

새해에 너와 함께 떡국을 먹고 싶었는데……
구정 때로 하자.
만두도 같이 만들고. 나의 조형 감각과 예리한 손놀림을 보여 주마.
랑랑아. 니가 너무너무 보고 싶어요.

오빠가

p.s. 아차!
1월 4일이 네 생일이었지. 어쩌지?
아, 네 생일을 거르긴 평생 처음이구나.

★ 내 사랑 랑랑

건강하게 잘 지내니. 이 글을, 너에게 보내는
짧은 글들을 어제 하루 동안은 새로 온 학생
의사 Y에게 "읽어 보세요" 했단다. 집에 가서
천천히 본다 한 그녀에게서 돌려받아 지금 쓰는
거야. 이런 메모가 붙어 있네.

중간 브리핑,
눈물 없이는 읽어 내려가기 힘든
글들이었습니다.
당신의 예술적인 정열과 그에 따른 고뇌,
여동생분에
대한 따뜻한 사랑, 순수함 등…….
이 파란 노트를 다 채우시기 전에 꼭 병마와
싸워 이기시길
진심으로 바랍니다.
행복하세요.

실습생 Y

랑랑.
내가 열여덟 때, 고1 복학생일 때, 국회의원 K
씨를 찾아갔었지. 처음 듣는 얘기일 거야. 휴학
중일 때 대학로에서 대법관님과 함께 계셨던
분인데(법조인이셨지), 그냥 나에게
"멋진 청년이군" 하면서 명함을 주셨어.
1년 후 나는 학교 공중전화에서 전화를 드리고
어느 정당의 국회의원인 그분을 찾아가 이렇게
말했지. "정치와 사회가 이 모양 이 꼴이니
제게 망치와 정과 돌을 사주세요. 30m짜리
조각으로 국민의 가슴을 고동치게 할 작품을
해내겠습니다. 돌을 사주십시오……."
하하하, 오빤 그때 석조石彫 한 번도 안 해본,
조증manic으로 피만 끓는 어린애였어. 그분은
그래도 나를 미친놈이라 하지 않고 저녁식사를
함께 하자셨지. 다정한 분이셨어.
"의욕만으로 세상이 바뀌는 게 아닐세"
하며…….

아씨, 그리움과 사랑을 보냅니다. 안녕히.

★

랑
나의 귀여운 여동생아.
네가 돌쟁이 엄마, 아줌마가 되어 있다니…….
의리 있는 여걸 랑랑.
생각이 난다. 10여 년 전 대학 입시 때, 우린
같이 공부했었지. 나는 고1 때 휴학하고 입시에
한 번 낙방한 재수생이었고, 너는 고3. 이화여대
합격 발표가 나고도 너는 좋은 낯빛도 보이지
않았고, '작은오빠가 홍대 조소과 떨어지면
나도 같이 재수한다'고 선언하던 너.
네가 변비로 고생하던 입시생 시절, 나는 돈을
모아 너의 변비약을 한 박스 샀었지. 잊을 수
없는 이름 '변락'! 하하하.
우리는 나란히 92학번이 되었고. 오빠의 과科
전시회마다 넌 친구들과 왔고, 너와 나를
모두들 연인이라 보았지. 여동생이라 해도 믿어
주질 않더군. 여동생과 그런 다정한 눈길을
주고받는 이가 없다나?
너에게 미안해서, 중학교 때 거의 매주 받는
상장을, 가방에 모여 쌓이는, 누래지는, 그 의미
없는 종이들을 찢어 버리던 옛날이 생각난다.
너의 청소년기는 '평범'이었는데, 비범한 형과
나 때문에 '열등'인 것처럼……힘들었지 랑랑?
용서해 줘.

서울성모병원 면회 안 되는 병실에서

★

랑랑
랑랑아
나는 1986년 처음 정신과 병동에 입원 후, 늘
의문이었어. 내가 사회에서 격리되는 이유는
무엇일까. 내가 부모 형제와도 못 만나는
이유는, 저 창밖 거리를, 계절마다 맛이 다른 저
거리를 활보할 신체의 자유를 박탈당할 이유는
도대체 무엇인가? 나는 착하게 열심히 살았을
뿐인데, 내가 왜 소위 '정상'이라는 창밖의
사람들과 섞여 살 수 없는가? 왜 날 자꾸
입원시키나. 왜!
랑랑.
새처럼 자유롭고 싶어.
Libitum*
자유의 여신 랑랑아,
네가 무척 보고 싶구나.
밖은 혹한의 추위라며? 감기 조심.

소리 없이 울면서
오빠.

*리비툼. 라틴어로 '자유'라는 뜻.

★

《데미안》의 프롤로그에서 헤르만 헤세의 피를 토하는 듯한 한마디 질문이 있단다.

> 나는 나 자신으로부터 우러나온 인생을 살고자 한 것뿐인데, 그것이 왜 그다지도 어려웠던 것일까.

지금의 내 심정을, 뒤를 돌아보며 현재를 다듬고 앞을 향해 시선을 던지는 지금, 지금의 내 심정의 쓸쓸함을 이보다 더 잘 표현해 주는 문장은 없단다.
'……왜 그다지도 어려웠던 것일까…….'

나의 사랑하는 여동생아.
나를 위해, 나의 생명과 건강을 구하는 기도를 부탁한다.
안녕.

너의 친구로부터

우리 두루미 되어 날자.
일일이 억울한 사연을 써서 무엇하리,
두루미 되어 그림처럼 날자.
오래 오래
오빠와 함께 날자.

너의 근심으로부터

★ 그리운 랑랑
간호사님 말씀이 내일 모레 주일에 대전에서
네가 면회 온다는구나. 너무나 기다려진다.
네가 보고 싶어.

내가 요즘 가슴판에 새기고 굳세게 붙들고 있는
약속의 말씀.
욥의 굳건한 믿음의 고백…….

나의 가는 길을 오직 그가 아시나니 그가 나를
단련하신 후에는 내가 순금같이 나오리라
(욥 23:10)

랑랑아.
나는 반드시 순금이 되어 나올 거야.
나는 반드시 단련을 받고 또 받을 거야.
대장장이가 불에 쇠를 달궈 때리면 때릴수록
강한 철이 되듯, 내게 시련과 고통이 많으면
많을수록 내 인품은 점점 순화純化되어
아름답고 좋은 사람이 될 거야.
세상을 품고, 높은 뜻과 낮은 생활, 훤한 통찰의
이마를 갖고 싶어. 노동으로 거친 손, 조각
작업으로 다치고 거친 손을 자랑스럽게 갖고
싶어.
어린이와 사회적 약자에게 도움과 사랑을
나누는 부드러운 미소의 소유자가 되고파.
랑랑아!
내 고운 동생아.
어서 이 밤이 지나고, 내일 밤이 지나고 널
만나고 싶구나!

빅 짐

랑랑
조울병 환자가 약을 잘 챙겨 먹는 것은 대단한 용기와 의지가 필요해. 경조증과 조증으로 불이 붙을 때의 그 황홀경, 아름답고 산뜻한 세상, 온 세상이 모두 내 것인데……약은 나를 아둔하고 불쾌하고 몸이 축축 처지게 누르지(이젠 오래 먹어 그런 느낌도 모르겠지만). 그렇지만 약을 끊으면 큰일 나지. 고삐 풀린 야생마가 되며, 안전장치 없이 달리는 열차가 된단다. 한마디로 큰일 나.
오빤 죽기 싫다. 십 대 이십 대에는 그토록 이 세상 하직하고픈 적이 많았으나, 오빤 이제 살고 싶다.
너랑 행복하게 웃으며 살고 싶다.
숨을 쉬고 싶다. 호흡을 함께하고 싶다. 너와 같은 하늘 아래서. 랑랑, 랑랑!

기운 내고, 힘내

★ 랑랑

아버지는 과거 얘기를 거의 하지 않으셨지.
현재와 미래를 보는 시선—'맑고 밝고 환하게'
아버지의 생활신조이지. 실제로 그렇게 살아
오셨고, 이제 예순셋에 초등학교 교장으로서
'사랑의 학교'를 가꾸어 가시며 퇴직을 앞두신
아버지는 그야말로 맑고 밝고 환하시지…….
아버지가 미술가나 건축가, 음악가나 무용가가
되지 않은 이유를, 그 비밀을 넌 아니?
아버지의 삼촌들, 즉 백부님과 숙부님들은
천재들이라 불렸단다. 부산과 일본을 오가며
시인, 기타리스트, 화가로…….

그러나 시대적 아픔을 한탄하며 술에 젖고
젖어 일제와 해방 후를 술로 술로……모두들
요절하셨대.
서울 종로에서 이상과 구본웅, 이중섭, 박인환과
그 친구들이 술에 절어 있었다면, 부산에서는
우리 종조부님들이 시대를 한탄하는 지식인,
예술가들이셨나 봐. 아무 꽃도 피우지 못한.
아버지는 그런 모습이 너무 싫으셨대. 아버지가
가장 좋아하는 말은 '생활인'이지. 현실 감각
있고, 성실히 노력하며 가정을 보살피는 생활인.
그리하여 나는 아버지의 가르침을 받아
예술가의 피와 함께 근면하고 성실한 한 사람의
사회인으로 살 수 있었고, 균형 잡힌 사람이
되어 갔지. 무엇보다 아버지는 날 사랑하셨어.
결코 나를 놓지 않으셨어. 끈질기게 하나님께
기도하셨어. 나의 아버지, 나의 아버지.

★

사랑하는 랑랑
내가 고I 때 잠실대교에서 극단적인 선택을 할
뻔한 이후, 여의도 성모병원에 입원하여 제일
먼저 한 일은 창 너머 노량진 수산시장을 그린
것이었어. 첫 면회 때 나는 어머니께 그림을
보여 드리며, "화가가 되면 안 될까요, 어머니?"
하고 물었어. "되지. 암, 물론 되고 말고.
미안타."
우린 포옹하며 실컷 울었지.
내 삶은 그 병동에서 자유를 얻었단다. 그림
그릴 자유!
아, 숨차구나.
랑랑.
사랑해. 내일 아침 일찍 오렴.

★ 그리운 내 여동생 랑랑
너를 기다리는 금요일, 토요일은 정말 하루가
천년 같구나.
지금 토요일 밤 11시. 잠이 와주실는지
모르겠어. 내일 운전 조심하렴.
자그마한 스피커와 마이크 세트, 악보대를
갖추어 대학로에서 온종일 노래하는 자유인이
되고 싶다. 네가 건반을 해주면 더욱 좋겠다.
음악 선교단 건반을 맡아 캐나다로, 일본으로
누비고 다니던 유능하고 멋진 내 동생. 나는
누구라도 만나면 네 자랑을 한단다.
랑랑아. 오빠가 더 이상 입원하지 않게, 돈도
조금 벌어 너의 딸, 예쁜 내 조카 옷이랑 선물도
사줄 수 있게, 어깨 펴고 당당히 살 수 있게,
삶을 즐기고 행복해하며 꽃길, 들길을 만끽하며
걷는 인생을 살도록, 괜한 욕심, 성공에의 집착
다 버리고 작게 낮게 느리게 살 수 있도록, 마음
다 비우고 사랑만으로 채우도록 기도해 주렴.

내 피가 이 밤에도 솟구침은 흙을
만지고파서야. 조각하고 싶다. 흙을 안 만지고
못 만진 지 9개월째야. 진흙을 온 몸에 바르고
싶다. 찰흙으로 생명 있는 조각을 해내리라.
내겐 우리 할아버지와 그 형제들의, 천재들의
피가 흐르고 있어. 나는 둔재이나 노력하면……
언젠가는……아니야, 노력하는 과정 그 자체가
즐겁고 행복한 거야. 이담에 때가 차면 이루고자
하는 그 무엇은 자연스럽게 주어질 거야.
기대한 결과물이 없거나 주어지지 않는다 해도
나는 쭈뼛거리는 소인배가 이젠 아니야. 최선을
다해 매진했느냐가 중요하고, 결과에 승복할
자세가 되어 있어.
나는 랑랑아, 씩씩한 장부가 되어 있어. 피리
부는 유약한 소년이 아니야.
랑랑.
앞으로 20년간은 '효자'가 되는 게 내 생의 최대
목표야.
이 세상에서 가장 이루기 어려운 목표지.
두 분 곁에서 두 분을 보살피며 친구가 되어
드릴 거야.

잘 자. 안녕.

★ 학생 의사 M의 글

아침, 처음 글을 읽었을 때,
숨 가쁘게 이야기하는 부분은 저 역시
숨 가빠하고, 무겁도록 슬픈 부분에선 저도
함께 무게감을 느끼며, 어느 한 곳도 감정의
충만이 소실되지 않는 글을 따라 격정을 느끼며
읽었습니다.

그래서 집에 와 천천히 저의 템포에 맞추어
정독을 하려 했으나, 다시금 글을 따라 가는
동안 당신의 감정 흐름에 따름을 거부하지
못해, 처음처럼 몰입해 읽었습니다.

'그 누구도 이해의 불을 놓지는 못했다'라던
기형도 시인의 말을 믿으려 했는데, 인간은
타인의 삶을 이해를 넘어 마음으로 공감할 수
있음을 님의 글을 읽고 깨닫습니다.
진실한 글로만 가능한 공감! 제 느낌들이
이리저리 확장되고 여기저기 충돌하고, 머리가,
가슴이 터질듯한 느낌!

그 무엇보다 모든 행위는 절실한 의도에서여야
한다던 제가, 무모했던 어린 날의 오만이 이
글들에서 실현됨을 느낍니다.
당신의 글을 훔치고 싶도록 부러웠습니다.
그리고 저 역시 너무나 살고 싶고, 사랑받고
싶습니다…….
깊이 이해하는 감정들! 잘 읽었습니다.

추신.
앞으로의 바람들이 꼭 이루어지길 바랍니다.
인도 성자의 말이지만, '믿음이 강하면 곧
현실이 된다'고 해요.

★

이 글을 중도 포기한다.
가슴이 아려
써내려 갈 수 없고,
내 깊게 묵은
아픈 사연을
어찌 쓸 바를 모르겠다.
그러나, 그러나—

★

랑랑
그만두었던 너에게로의 글쓰기.
부모님 면회 때 너에게 전해 달라며 포기했던
이 노트.
너는 다시 들고 와 "끝까지 써, 오빠" 하며 내게
건네주는구나. 한 보름 만에 다시 쓴다. 내 좋은
사람아.
내 귀하디 귀한 사람아.
너와 나. 새 강물에, 어디 남한강 같은 곳에,
상류나 느린 하류에 발을 담그고 옛날이 아닌
미래와 꿈을 얘기하자.
앞길에 서광이 비치기를, 충만한 사랑이
절제라는 울타리 안에 타오르기를 기도드리자.
남한강 같은 곳에 발 담그고…….

너의 다정한 오빠

★

네 꼬마 아가씨는 예쁘게 잘 크니?
랑랑
너는 미국에서 수많은 옷과 선물을 우리
하은이에게 보내 주었는데, 나는 이쁜 조카만을
위한 '자장가' 작곡 하나밖에 아직 해준 게
없구나.
아이들 옷은 왜 그렇게 비싼 거니?
아이들을 몸이 떨리도록 이뻐하는 엄마
아빠들의 화폐 개념을 상실케 하는 아기옷들!

★

랑
사랑하는 랑랑
병실 바닥에 미끄러진 햇살엔 창 그림자가
선명하구나.
해와 공기 청명한 날이야. 공기를 맡으려면 작은
창문을 열고 코를 대고 힘껏 빨아들여야 해.
하나님의 치료와 은혜의 강물이 기화되어 내
코로 들어왔으면.

순하고 선한 영혼, 너를 진정 사랑한단다.

빅 짐

★

랑랑
병원 밖에는 신축 공사가 한창이야.
쇠 부딪치는 소리, 망치 소리, 그라인더 굉음.
살아 있는 소리들, 실존하는 인부들. 땀, 노동의
신성함. 그들이 받는 일당 얼마의 돈의 신성함.
그것은 로마 교황청의 금을 수놓은 사제복보다
순수하고 신성해. 교황이 짚은 지팡이보다 더
위엄 있는 현장 노동자의 팔뚝.

랑랑
'사랑'이 없는 모든 학문과 일함은 다 헛된 것이 아닐까 한다.
최근에 쓴 시들을 소개한다.

사랑에 관하여

목숨 다할 날은
하나님만이 아십니다
우리가 잠드는 것은
죽음 연습입니다

내일을 모르는 것이
인간의 한계요 실체인 것입니다
또 행복일지도 모릅니다

그러나
그러나 내 사랑이 다할 날은
하나님 당신도 모르십니다
나는 죽도록 사랑할 것입니다
몸은 흙으로 가도
내 사랑은 끝 간 데 없습니다

천千 시인*을 만나면

나도 하늘로 돌아가리라
그를 따라 하늘로
돌아가리라

이 세상 소풍 끝나는 날
이 세상 소풍이 아니었노라고
생지옥이었다고
말해 주리라

매일 맥주 두 병
막걸리
마시던 그분 만나
한 잔 하며 따지리라

죽도록 마시며
뭐가 그리 아름답더냐고 울며 물으리라

*천상병(1930~1993) 시인을 말함.

★

귀한 소금 랑랑
어려서는 너와 내가 전혀 닮지 않았다 여겼는데,
나이가 들수록 우린 닮아 간다. 웃을 때 짝—
찢어지는 입꼬리는 영락없고 말이야.
랑아.
너무 보고 싶어.
네 지친 어깨를 다독여 주고 싶구나.

짝은오빠

★ 학생 의사 MJ의 글

아저씨. 제가 이런 아픈 맘을 들여다볼 만한
자격이 없는 것 같아 죄송한 마음이 제일 먼저
들었어요.
고통스런 삶이라는 건……책에서 영화에서
연극에서 많이 봤지만, 마음으로, 제 마음으로
느껴 본 적은 없었나 봐요.
아저씨께 아무것도 해드린 것 없는 제가,
아저씨의 웃음과 배려, 이 글을 통해서 '삶을
사랑하고 삶을 포기하지 않는' 열정과 감사하는
마음을 배워 갑니다. 정말 감사해요.
'사랑 없는 학문과 배움은 아무것도 아니다'
라는 글귀를 읽고 많이 반성했어요. 아픈
사람을 대하는 의사가 되고자 하는 저의
이기적인 마음과 세속적인 마음을 들킨 것
같기도 하구요.
힘들고 아픈 삶이지만, 이 글을 읽고 나서 받은
느낌은 '고통'이나 '절망'보다는 '감사'와 '사랑'
이었어요.

아저씨께서 좋아하신다는 윤동주 님의 시처럼,
'슬퍼하는 자에게 복이 있다'면……하고
진심으로 기도드립니다.
아저씨……
과하게 소중한 글을 읽고도 결국 제 입장에서
생각하게 되는 철없는 실습 학생일 뿐이지만,
2주 후면 또 다른 과로 가버릴 짧은 만남일지도
모르지만, 제가 기도할 때마다 아저씨를
위해서, 그리고 병을 앓고 있는 다른 분들을
위해서 기도드릴께요. 그리고 그분들의 아픔을
다른 어떤 것보다 소중히 생각하는 의사가
되도록……힘쓸게요.
행복하세요……. 주님께서 언제나 함께하시길.

★

랑랑
밤이 찾아왔어. 밖은 춥겠지.
병원엔 히터가 들어와 이 안은 초여름이야.
온도의 괴리?
병원 밥에 질렸지만 밥을 먹을 수 있게 해주신
주님, 환의에 질렸지만 옷을 입게 해주신 주님,
폐쇄된 공간에 질렸지만 비를 피하게 해주신
주님, 얼마나 감사한 일인지 알 수 없다.

랑랑아, 우린 그래도 가난은 몰랐고, 배고픔을
겪으며 지낸 적은 없지 않니? 얼마나 감사해.
병이 있어도 병원비 없어 죽어 가는 이가
허다한데, 오빤 좋은 병원에 입원할 수 있으니,
주님 축복이야. 여태까지 17년간의 병원비
엄청나겠지. 이담엔 돈을 벌어 부모님 호강시켜
드리고프다.
사랑하는 랑랑, 내 동생아.
너를 너무너무 사랑해.

너의 빅 짐

★

면회 오실 때마다 느끼지만, 나 때문에 어머니
아버지 많이, 갑자기 늙으셨어. 가슴이 아파.

랑아, 랑아, 보고 싶어.
지금 네 이름을 쓰니 눈물이 막 나와.

잘 자거라 내 동생. 굿 나잇.
Have a good dream.

너의 눈물거리 걱정거리, 작은오빠

희망을 주는 오빠니까

★ 잘 주무셨나요, 제인 아씨!
햇살이 좋구나. 창밖엔 잔설殘雪이 있고.

'눈이 살아 있는' 사람이 되거라.
눈이 반짝이는 사람.
눈에 사랑과 정의감, 용기와 타인에 대한 배려,
총명함, 이런 것이 살아 반짝이는 사람이
되거라.
병이 들고 늙어도 눈만은 살아 빛나는, 생에의
의욕이 살아 있는 사람이, 우리 그러기를
기도하자. 앞에 글을 남긴 MJ 학생에게
〈골고다의 세 십자가—석양과 하나님의 눈물〉
이라는 아크릴화를 선물했단다. 나를 위해 늘
기도하겠다는 말이 너무 고마워서…….
우리도 누군가 남을 위해 매일 기도하는, 손을
모으는 사람이 되자. 가난하고 병들고 소외되고
외로운 이들을 위해, 기도뿐만 아니라 어떤
방식이든 '행함 있는 믿음'을 보이도록 애쓰자.

사랑은……모든 것을 믿으며
모든 것을 바라며
모든 것을 견디느니라*

그래, 오빠는 견디고 있어.
성경 어디 있는지는 지금 못 찾겠다. 참 놀랍고
좋은 구절 아니니?
사랑은 모든 것을 바란다는 구절이 갖는 놀라운 힘.
세계를 움직이고 세계를 바꾸는 진정한 힘 또한
사랑일 거야.

*고린도전서 13장 7절.

★

랑랑
이곳 10층 동東병동 간호사님들은 모두 예쁘고
착하고 상냥해. 너처럼!
너의 활짝 웃는 모습이 보고 싶다.
해바라기가 만발한 드넓은 밭.
그중 돋보이는 금빛 해바라기—랑랑!

★

랑랑
5시 반에 주치의가 보잔다. 주말 외박
가부可否 결정. 몹시 초조하다. 일주일 내내
실랑이했다. 의사들은 정치가들의 용어를 쓴다.
'고려하겠다, 상의 중이다, 생각해 보겠다, 의논
중이다, 참고하겠다, 고려하고 있다, 상의해
보겠다…….'

미치도록 보고픈 내 딸 하은, 그리고 신생아
원이.
슬픈 아내 옆에서 하루 자는 게 이다지도
어렵고 피 말리는 일일까?
답답하고도 짜증스럽구나.
주기도문을 천천히 외야겠다.

랑아, 또다시 보고 싶구나. 네 모습이.

★

랑
내일 모레면 너를 보겠구나. 1박 2일의 외박 허락이 마치 산고産苦처럼 이루어졌다. 허탈한 웃음이 난다.
랑랑아.
꼬마 선물 사가마. 꼬까신 빨간 구두.

너의 영원한 친구로부터

랑랑
절망의 터널에 진입하였을 때, 고통의 몸과 맘,
'끝이다' 싶을 때, 시선만은 저 멀리 곧게 두면
머얼리 점처럼 빛이 보인단다. 터널 끝 후에
터널이 또 나와도, 살다가 터널이 반복되도,
터널 끝 눈부신 밝음—희망의 빛이 있음을 나는
몸소 겪어 안단다. 너도 앞으로의 생애가 50년
이상 남았으니 오빠의 '터널의 비유'를 마음에
새겨 다오.

너의 다정한 짝은오빠

★

랑랑
광활한 대지—러시아!
백야의 황홀경 상트 페테르스부르크.
빵이 없던 1992년.
그들.
구舊 소비에트연방의 인민들…….

사할린, 하바롭스크, 따쉬켄트, 알마타,
날치크, 벨라루스, 우크라이나, 우즈벡,
옴스크…….
녹슨 대륙횡단 기차 타고 십여 일을 배를 주리며
구 레닌그라드 올림픽 스타디움에 모여
"시야이. 이쑤스, 시야이!"
"샤인, 지저스, 샤인!"을 외치며 수만 명이
촛불을 밝히고 춤을 추며, 전지전능하신,
우주보다 광대한 품, 사랑의 하나님을
찬양했지.
백야 속에서……나는 그들에게 언젠간 돌아갈
거야. 반드시 추운 대륙으로 가고야 말 거야.

너의 몸종, 작은오빠

★ 학생 의사 IS의 글

형. 나는 형처럼 글을 잘 쓰지 못해요. 암튼
이 노트에 몇 자 적어 볼 기회를 줬다는 걸
영광으로 생각하고 적어 볼게요.
사실 전 형의 그 예술적인 능력이 참 부러워요.
제가 의대를 가고, 하얀 가운을 입고, 100
퍼센트 정확성만을 추구하는 그런 (서양적)
현대 과학을 실천해야 하는 의사가 되겠지만,
한편으로 얼마나 자유로움과 예술적인 맛(?)
을 동경하는지 몰라요. 한때는 가수, 미술가가
되고 싶다는 생각을 얼마나 했는지.
형 글을 읽으면서 한 가지 확실하게 머리와
마음으로 느끼는 게 있다면, '조울병은 정말
Organic Disease구나. 얼마나 괴로울까. 형
말대로 여느 다른 내과적 질환과 다른 게 뭐가
있나' 하는 점입니다.
조금만 다듬으면 좋은 글이 될 거 같아요.
고마워요.
형 같은 멋진 분을 만나게 돼서.

휴게실에서

학생 의사 JH의 글

때로는 피 묻은 절규가 느껴지는 글을
보면서……형이 아파하고 사랑했던
순간순간들이 가슴속에 스며 오는 듯합니다.
이제 얼마 남지 않은 정신과 실습을 돌아보며,
짧았지만 찬란했던 우리의 시간이었음에
하나님께 감사드립니다. 병마를 이겨 낼
형이, 사람들에게 멋진 삶으로 기억되었으면
좋겠어요.

From Truefence

★ 랑랑! 보고픈 랑랑
개방병동 작업 요법실 피아노에 앉아
나는 열창하며 연주. 갑자기 박수 소리.
보호병동에서……"한 곡 더요" 철문 틈새로
새어나오는 쓸쓸한 나의 팬!

옆방 회진.
이번 2주간 학생 의사 PJH, PIS 두 사람과 깊이
사귀었어. 좋은 사람들이야. 빛나도록 총명하고
선하고……. 학구적인 과학자 JH, 노래하는
멜랑꼬리아 얼짱 IS. 그들이 오늘 또 떠나 다른
과로 흘러간다. 상실감이 느껴지도록 친해진
남동생들. 그 둘과 가톨릭대학 휴게실에서
농담하며, 연애 이야기도 하고 커피도 마시고,
교지편집실에서 흰 의사 가운과 넥타이를 매고
거울을 보니 "와! 형 외과의사 같다" 하더라.
거울 속의 나는 영락없는, 자상하고도 치열한
의사의 모습이었다.
기타를 치며 대학 복도와 계단식 강의실에서
전인권, 김광석을 불렀다. 목청 다해. 통쾌했다.

랑랑.
이제 봄이 오고 있다. 이제 내가 네게로 가고 있다.
곧 퇴원 일정이 잡힐 것이다. 내 맘, 이미 네게 도착해 있다.

안녕, 아씨.

지은이의 말

2003년 1월, 내가 입원해 있었던 서울성모병원
정신건강의학과 병동에서 가톨릭 의과대학
본과 4학년, 얼굴이 하얀 SJY 선생은 내게
나의 얘기를 써보라며 작은 노트를 선물했습니다.
태어남에서 오늘날까지를 적는 자서전 방식은
피하고 싶었고, 나의 사랑하는 여동생에게
'보내지 않은 엽서'를 써서 모으는 식으로 글을
써나갔습니다.

중학생 때, 예고 없이 병은 찾아왔고,
나를 삼켰으며, 오랜 시간 나를 유린했습니다.
나는 투쟁했고, 온전한 조절 능력을 얻어,
끝내 병을 이겨 냈습니다.
참으로 길고 어둡고 험한 터널이었습니다.

눈물로 기도의 나날을 보내신 아버지, 어머니,
저의 불효를 용서해 주세요.
사랑으로 인내해 준 아내와 의젓하고 아름다운 딸
하은, 나의 아들 원에게 사랑을 보냅니다.
형과 형수님의 격려와 지지에도 감사드립니다.
아버지처럼 돌보아 주신 백인호 교수님과
저를 사랑해 주시는 하규섭 교수님께
특별한 감사를 드립니다.

저를 오늘날까지 놓지 않고 지켜 보호하신
하나님께 감사드립니다.

2015년 이른 봄에 작업실에서

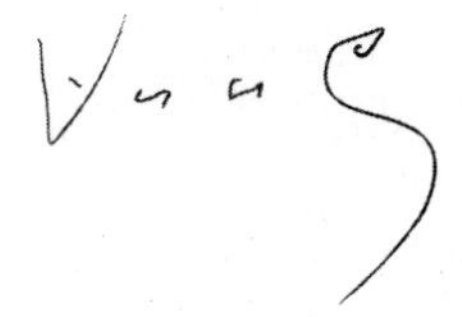

우리들의 시편 2
내 동생 랑랑
My Sister Rang Rang
Psalms We Write 2

2015. 3. 3. 초판 1쇄 인쇄
2015. 3. 10. 초판 1쇄 발행

지은이 배서우
펴낸이 정애주
국효숙 김기민 김의연 김준표 박상신 박세정
박혜민 송승호 염보미 오민택 오형탁 윤진숙
임승철 정한나 조주영 차길환 한미영

펴낸곳 주식회사 홍성사
등록번호 제1-449호 1977. 8. 1.
주소 (121-885) 서울시 마포구 양화진4길 3
전화 02) 333-5161
팩스 02) 333-5165
홈페이지 www.hsbooks.com
이메일 hsbooks@hsbooks.com
트위터 twitter.com/hongsungsa
페이스북 facebook.com/hongsungsa
양화진책방 02) 333-5163

• 잘못된 책은 바꿔 드립니다.
• 책값은 뒤표지에 있습니다.

ISBN 978-89-365-1081-7 (04230)
ISBN 978-89-365-0540-0 (세트)

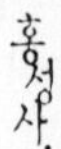